APRENDENDO A COM-VIVER

MARIA HELENA PIRES MARTINS

PRAZER DAS COMPRAS

O CONSUMISMO NO MUNDO CONTEMPORÂNEO

Ilustrações: Elder Galvão

2ª edição

2016

© MARIA HELENA PIRES MARTINS, 2016
1ª EDIÇÃO, 2007

COORDENAÇÃO EDITORIAL: Lisabeth Bansi
ASSISTÊNCIA EDITORIAL: Patrícia Capano Sanchez
EDIÇÃO E PREPARAÇÃO: Samir Thomaz
COORDENAÇÃO DE EDIÇÃO DE ARTE: Camila Fiorenza
DIAGRAMAÇÃO: Michele Figueredo
CAPA E ILUSTRAÇÕES DE MIOLO (FOTOMONTAGENS): Elder Galvão
COORDENAÇÃO DE REVISÃO: Elaine C. del Nero
REVISÃO: Andrea Ortiz
COORDENAÇÃO DE ICONOGRAFIA: Luciano Baneza Gabarron
PESQUISA ICONOGRÁFICA: Cristina Mota, Vanessa Trindade
COORDENAÇÃO DE *BUREAU*: Rubens M. Rodrigues
TRATAMENTO DE IMAGENS: Luiz Carlos Costa
PRÉ-IMPRESSÃO: Denise Feitoza Maciel
COORDENAÇÃO DE PRODUÇÃO INDUSTRIAL: Andrea Quintas dos Santos
IMPRESSÃO E ACABAMENTO: Log&Print Gráfica e Logística S.A.

Lote: 753704

Código: 12105730

Dados Internacionais de Catalogação na Publicação (CIP)
(Câmara Brasileira do Livro, SP, Brasil)

Martins, Maria Helena Pires
  O prazer das compras: o consumismo no mundo contemporâneo / Maria Helena Pires Martins. – 2. ed – São Paulo: Moderna, 2016. – (Aprendendo a com-viver)

  ISBN 978-85-16-10573-0

  1. Compras 2. Consumismo 3. Consumo (Economia) 4. Ensino fundamental 5. Prazer I. Título. II. Série.

16-07146   CDD-372.83

Índice para catálogo sistemático:
1. Consumismo: Ensino fundamental   372.83

Reprodução proibida. Art.184 do Código Penal e Lei 9.610 de 19 de fevereiro de 1998.

Todos os direitos reservados

EDITORA MODERNA LTDA.
Rua Padre Adelino, 758 - Belenzinho
São Paulo - SP - Brasil - CEP 03303-904
Vendas e atendimento: Tel. (11) 2790-1300
www.modernaliteratura.com.br
2022

Impresso no Brasil

Aprendendo a conviver, 5

Sobre este livro, 6

O maravilhoso mundo das compras, 7

Produção e consumo: como entender essa história, 13

Ciclo do consumo e do consumismo, 30

As armadilhas do ato de consumir, 42

Consumismo e meio ambiente, 56

Consumo responsável, 66

A autora, 71

Bibliografia, 72

APRENDENDO A CONVIVER

Quando você era criança deve ter ouvido histórias e assistido a vídeos de heróis e malvados, de bandidos e mocinhos. Depois, estudou as lutas históricas entre crentes e hereges, senhor e escravos e se deparou com um mundo dividido entre colonizadores e colonizados, capitalistas e comunistas. Como se as pessoas pudessem ser inteiramente boas ou inteiramente más. E mais: como se nós fôssemos os bons e a maldade estivesse sempre "do lado de lá"!

Agora você já percebe que na vida real não é bem assim. Não nascemos sabendo o que é bom e o que é mau, nem temos tanta certeza sobre o que os adultos dizem ser o certo e o errado. Sabe por quê? Porque essa é a tarefa de cada um de nós, a tarefa de construir nossa *consciência moral* e *política* para agir por nós mesmos e para nos transformarmos em *cidadãos* de uma sociedade democrática. Para tomar consciência de nossos próprios desejos e ao mesmo tempo sermos capazes de reconhecer a importância de outras pessoas e do mundo que nos cerca. Para aprender a ser gente, usando a inteligência e o coração.

Nos livros da série **Aprendendo a Com-Viver** discutimos algumas questões sobre as quais você já deve ter parado algumas vezes para pensar. E se pensássemos juntos, agora?

Do ponto de vista da sobrevivência, consumir é uma necessidade. Entretanto, quando passamos a consumir o supérfluo e exageramos na dose do que compramos, caímos no consumismo. Isso afeta muitas áreas de nossa vida e está estreitamente ligado ao modo capitalista de produção e de acumulação de bens. Há muitos sinais de que esse sistema não poderá se manter com o mesmo modelo, uma vez que os recursos naturais, necessários para a produção de bens de consumo, como a água e a energia, estão se esgotando no planeta.

Como, então, continuar a consumir para nos mantermos vivos e com qualidade de vida, preservando o meio ambiente e nossa própria saúde mental? O que é ser um consumidor consciente? Vamos juntos analisar as alternativas para o consumismo e criar novas respostas para o problema.

O MARAVILHOSO MUNDO DAS COMPRAS

Mariana estava desolada. Tinha resolvido levar os quatro sobrinhos – dois garotos e duas meninas – ao shopping para passar o dia. A cidade oferecia outros espaços legais, como parques, onde era possível andar de patins ou de bicicleta; visitar uma exposição de história natural ou exposições de arte em praça pública; ou ainda percorrer trilhas em meio à natureza. Como estava chovendo, as atividades externas foram logo descartadas e Mariana acabou escolhendo um espaço com o qual seus sobrinhos estavam mais do que acostumados, embora fosse um espaço de consumo.

Ela pensou que, como não havia opção naquele momento, aquela era uma boa solução para distraí-los e estreitar o relacionamento. Poderiam almoçar, ir ao cinema e até participar de atividades de arte e criatividade oferecidas por lá.

Assim que chegaram ao shopping, entretanto, eles começaram a pedir as coisas mais disparatadas. As meninas queriam roupas, sandálias e bijuterias. Os meninos pediam mochilas, equipamentos esportivos e jogos eletrônicos, sem os quais pareciam não poder mais viver. Até na hora do almoço escolheram uma lanchonete que oferecia "brindes" – obviamente mediante um pagamento extra –, mesmo não gostando do tipo de sanduíche que se oferecia por lá.

Enfim, o dia divertido que Mariana tinha imaginado foi um total fracasso, pois, tendo se recusado a fazer tantas compras, acabou com quatro pré-adolescentes emburrados, querendo voltar para casa.

O que deu errado?, perguntava-se, enquanto acompanhava os sobrinhos na saída do shopping.

Essa é uma pergunta que muitos adultos se fazem ao ver o comportamento consumista de crianças, jovens e de outros adultos em *shoppings*, supermercados, restaurantes e lugares em que a oferta de produtos é grande e variada. Analisando a situação um pouco mais a fundo, vemos que a própria escolha de fazer um programa em um *shopping center*, isto é, em um centro de compras, já faz parte do problema.

Shoppings são, por excelência, lugares de consumo: consumo de objetos, consumo de lazer na forma de cinema, teatro, jogos eletrônicos, consumo de comida na praça de alimentação. Certamente, em qualquer cidade podemos encontrar opções de lazer que não tenham esse sentido de consumo. Mesmo em um dia de chuva, é possível realizar atividades em um centro cultural, em uma biblioteca ou museu, em algum ateliê de artes ou simplesmente em casa, desde que se preparem o ambiente e os materiais necessários.

Quais são as semelhanças entre esta tirinha e a situação apresentada no início do capítulo?

Mas qual é o problema de consumir, se somos incentivados a isso por todos os meios de comunicação, incluindo *e-mails* e mensagens em nossos aparelhos eletrônicos? Até os bancos, ao oferecer empréstimos aos clientes, incentivam o consumo, a compra além das nossas possibilidades.

Se pensarmos um pouco sobre o que é o consumismo, vamos entender muito do que está dando errado no mundo de hoje.

De acordo com os dicionários, *consumir* é gastar dinheiro ou valor monetário para adquirir produtos ou serviços, satisfazendo assim nossas necessidades. Em sentido mais estrito, ao consumir, estamos mantendo o **processo de produção**.

Todos os seres vivos consomem para viver. As plantas, os animais, os seres humanos, os fungos e as bactérias consomem energia, água e nutrientes para se manterem vivos. E todos eles, com exceção dos humanos, consomem de acordo com suas necessidades de sobrevivência.

No mundo humano, o consumo vai além das necessidades físicas. Ele atende, também, a **necessidades simbólicas**, uma vez que os seres humanos são **seres culturais**.

Presente sempre tem de ser comprado? Ou pode ser uma gentileza feita pelo filho?

Mas o que seriam essas necessidades simbólicas?

São necessidades que ultrapassam a situação concreta, física (estar com fome, por exemplo) e adquirem outros significados. A fome poderia ser aplacada com qualquer alimento que se tenha à mão. Entretanto, em muitas ocasiões temos "fome" de chocolate, que vai muito além da fome meramente necessária para a sobrevivência. O chocolate, no caso, representa um tipo de compensação psicológica, isto é, preenche necessidades afetivas que não estão mais ligadas à simples necessidade de se alimentar para repor as energias.

A propaganda também nos oferece inúmeros exemplos da capacidade humana de simbolizar. Um carro ou uma motocicleta não representam somente um meio de transporte mais rápido do que o caminhar ou mais cômodo do que o transporte público. Eles também assumem significados de *status* social, aventura, coragem, sedução, poder, juventude etc.

Isso acontece porque a capacidade de simbolizar é uma característica humana: estamos sempre dando significados a tudo que nos rodeia.

Mas, se o consumo é algo normal e necessário, por que ele é tão criticado? Em que momento ele se transforma em problema?

O problema está no consumo exagerado, ou seja, no **consumismo** como atitude de vida: comprar, comprar e comprar, mesmo que não haja tempo para usar tudo o que se compra, mesmo que o produto comprado não vá ter utilidade alguma. Sem contar as consequências geradas por tanta compra, como o fato de se descartar aquilo que será substituído pelo novo objeto, que muitas vezes ainda está em condições de uso, ou de não se refletir sobre o fato de que os recursos naturais necessários à produção dos bens e serviços podem se esgotar.

Portanto, vamos pensar sobre cada uma dessas questões a fim de nos tornarmos, em primeiro lugar, cidadãos plenos, defensores dos direitos e deveres civis, políticos e sociais da nossa geração e das gerações futuras. Se é meu direito ser consumidor, é meu dever proteger o meio ambiente. Só assim poderemos nos tornar consumidores mais conscientes e responsáveis.

PRODUÇÃO E CONSUMO: COMO ENTENDER ESSA HISTÓRIA

Como vimos, o ser humano precisa consumir para se manter vivo. Entretanto, suas necessidades vão além do alimento, do vestuário e da habitação, que garantem a sobrevivência do indivíduo e da espécie.

O comportamento humano não é só determinado por leis biológicas que facilitam sua adaptação ao mundo natural para garantir sua sobrevivência.

O mundo simbólico

Ao contrário dos animais, que respondem imediatamente aos estímulos concretos – por exemplo, cães salivam ao sentir

13

cheiro de comida –, nós, humanos, estabelecemos uma distância entre receber um estímulo e responder a ele. Antes de reagir ao estímulo, realizamos um complexo processo de pensamento, atribuindo diversos significados aos eventos e objetos.

Por esse processo de pensamento, criamos relações entre os objetos, palavras, imagens, sons, cheiros, paladares. Mais ainda: criamos relações entre o presente, o passado e o futuro, entre a realidade concreta e a imaginação.

Por exemplo, se alguém nos agride na rua, primeiro avaliamos as circunstâncias do evento: a pessoa tropeçou e, para não cair, bateu em nós? A pessoa está fora do seu estado normal, seja por alcoolismo, drogas, ou sob impacto de forte emoção? Fomos confundidos com outra pessoa, o que levou à agressão? O agressor tem algum distúrbio mental? É um assaltante?

Além de perguntas desse tipo sobre o agressor, também avaliamos a resposta mais adequada para nós na situação: fugir, sair do caminho? Tentar conter o outro? Chamar a polícia? Pedir ajuda a outras pessoas? Bater de volta? Tentar dialogar e resol-

ver a situação por meios pacíficos? Procurar ajuda para o outro? Enfim, procuramos a melhor solução para o problema, levando em conta um grande número de possibilidades de significados. Agimos assim em geral em todas as situações de nossa vida.

Podemos, portanto, dizer que olhamos o mundo de acordo com nossas necessidades e desejos imediatos, filtrados pelos hábitos, modos de vida e valores da nossa cultura.

Vivemos entre emoções imaginárias, esperanças e temores, ilusões e desilusões, sonhos e fantasias. Mas temos também a capacidade de nos distanciar das situações, analisá-las tanto com referência ao momento presente como ao passado e ao futuro. Pensamos sobre o histórico da situação e sobre as consequências da nossa ação no futuro, nosso, do outro e da coletividade.

E porque pensamos – relacionando realidade, imaginação, memória, sentimentos e sonhos – somos capazes de criar necessidades novas, dos tipos mais variados. Vejamos como isso acontece ao longo da história.

Primeiros passos de uma revolução

Entre as necessidades criadas pelos seres humanos, estão as de consumo, que ultrapassam o que é necessário para sobreviver. Produção e consumo são duas faces complementares de um mesmo processo.

Nos primórdios da civilização, nas sociedades antigas, bem como nas sociedades africanas e indígenas, produzia-se para o próprio consumo. A distribuição de bens – alimentos e peças de vestuário especialmente – era a mesma para todos, uma vez que disso dependia a sobrevivência da própria coletividade. O aumento do consumo por alguns membros significava que outros consumiriam menos, uma vez que os bens eram limitados. Na verdade, o consumo era orientado pela tradição e pelos costumes, que estabeleciam as necessidades do grupo e do indivíduo.

Índia Yanomami tecendo um cesto.

O conjunto dessas necessidades familiares era estável e limitado, e, por isso, só era produzido o que era necessário para o consumo do grupo.

À medida que as sociedades se tornaram cada vez mais complexas, com divisão de papéis e rígida hierarquia, tanto na esfera social quanto na política, a produção foi além das necessidades do grupo, criando-se o **excedente**, aquilo que sobra, sem ser consumido localmente. Esse fato deu origem ao **comércio**: o excedente era vendido para outras comunidades, criando uma riqueza extra.

Ora, com essa riqueza, foi possível produzir mais, havendo maior excedente a ser comercializado, o que gerava mais riqueza. Essa riqueza, entretanto, não era mais distribuída igualmente por todos; ela ficava concentrada nas mãos de alguns indivíduos da comunidade, que passaram a ter mais poder e novas necessidades. Afinal, para que serve a riqueza, senão para atender aos nossos desejos?

Mas como foram criadas essas novas necessidades?

Em primeiro lugar, devemos destacar o fato de que o que hoje é uma necessidade já foi um luxo em outra época ou nem sequer se apresentava como problema. O papel higiênico, por exemplo, só chegou ao comércio brasileiro nos anos 1920. Até então, as possibilidades eram: não se limpar, usar a folha do pé de milho verde ou outros vegetais nas áreas rurais, ou usar pedaços de jornal. Quem hoje se habituou, por questões de higiene e saúde, ao banho diário com sabonete, só pode considerar a

Tempos modernos (1936), filme dirigido por Charles Chaplin (1889-1977), faz uma crítica à linha de produção e à indústria moderna. Embora seja uma comédia, o filme mostra o lado opressor do trabalho nas sociedades industriais, cerca de cem anos depois das primeiras teorias do filósofo e sociólogo alemão Karl Marx (1818-1883) sobre a exploração dos trabalhadores no capitalismo. Suas teorias resultaram numa nova visão em relação ao trabalho e à realidade concreta dos trabalhadores.

água encanada e o próprio sabonete como necessidades básicas. O mesmo acontece com a pasta de dente e o fio dental.

Com a Revolução Industrial, iniciada na segunda metade do século XVIII, na Inglaterra, que representou a passagem da economia baseada na agricultura e na manufatura para a economia industrial, houve outras importantes mudanças tanto na produção quanto no consumo e, portanto, na **criação de necessidades**.

A mão de obra artesanal foi substituída pelas máquinas, possibilitando a produção, em maior escala, de produtos idênticos desejados pelo consumidor, a preços mais baixos do que os produtos feitos manualmente, um a um.

A invenção do motor a vapor – que substituiu a tração humana e animal – trouxe maior eficiência para a mineração do carvão (que passou a ser extraído de minas muito mais profundas), para o desenvolvimento de novas ferramentas, para o transporte fluvial e costeiro, bem como para o ferroviário, com a invenção da locomotiva a vapor.

O motor a vapor ainda permitiu o desenvolvimento das fábricas, concentrando em um único espaço, fora do lar, o maquinário e os trabalhadores, a administração e a venda do produto. Isso implicou que o trabalhador não fosse mais dono dos meios de produção, e que se adequasse às exigências da jornada de trabalho, dos horários e das condições de trabalho determinadas pela fábrica.

As primeiras indústrias a florescerem na Inglaterra foram a têxtil, para a fabricação de tecidos de variados tipos; a de cerâmica, que produzia vasilhames, utilitários domésticos e peças

de decoração; e a metalúrgica, importante para a fabricação de máquinas, ferramentas e utensílios.

As inovações não pararam por aí. A partir de 1880, com a chamada Segunda Revolução Industrial (também conhecida como Revolução Técnico-Científica), o desenvolvimento tecnológico e econômico ganhou impulso com o surgimento do motor a combustão e da energia elétrica.

Em 1920, Henry Ford (1863-1947), industrial norte-americano, criou um sistema que tornou realidade a **produção em massa** de peças idênticas a preços moderados. Ao padronizar as peças e os componentes dos automóveis produzidos em sua fábrica, eles se tornaram intercambiáveis, isto é, podiam ser trocados com facilidade por outros idênticos.

A padronização tornou possível a criação da **linha de produção**, na qual cada trabalhador realiza uma única tarefa, repetidamente, tornando mais rápido o processo de montagem. A produtividade, isto é, o quanto cada trabalhador é capaz de produzir em determinada unidade de tempo, foi aumentada em dez vezes, permitindo o corte dos preços das mercadorias pela metade.

Um automóvel Ford, que custava 780 dólares em 1910, passou a custar 360 em 1914. Por sua vez, o aumento da produtividade individual fez com que um número menor de trabalhadores fosse necessário para produzir um número maior de veículos.

Com o tempo, Ford passou a fabricar tudo de que necessitava para produzir carros, integrando verticalmente a produção: da matéria-prima ao produto final.

O Brasil nessa história

No tempo do Brasil colônia, Portugal proibiu que se fabricasse qualquer coisa em nosso território que pudesse competir com a metrópole ou prejudicasse seus interesses comerciais. Os produtos necessários à vida na colônia – como roupas, tecidos, louças e móveis – eram comprados na Inglaterra e comercializados pelos portugueses.

Durante o Segundo Reinado, alguns empresários brasileiros e grupos estrangeiros investiram em estradas de ferro, estaleiros e empresas de transporte urbano, bancos e seguradoras. Todas essas benfeitorias ajudavam no transporte e comércio dos produtos agrícolas e das matérias-primas, como minérios e madeira exportados para a Europa.

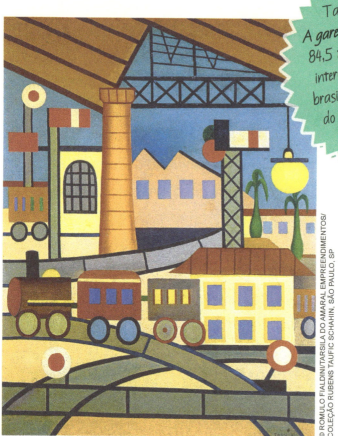

Tarsila do Amaral. *A gare*, 1925. Óleo sobre tela, 84,5 x 65 cm. Veja o modo interessante como a artista brasileira, uma das expoentes do Modernismo, representa a industrialização no Brasil.

No início do século XX, já no período da República, o Brasil continuava a ser um país eminentemente agrícola, e as indústrias brasileiras não passavam de pequenas oficinas, mercearias, serrarias, moinhos de trigo, fiações, tecelagens, chapelarias e fábricas de bebidas e conservas. Para se ter uma ideia, a maioria dos livros não era impressa no país.

Com a Segunda Guerra Mundial (1939-1945) tornou-se muito difícil importar produtos de outros países, e algumas indústrias de base foram implantadas no Brasil: em 1941, a Companhia Siderúrgica Nacional foi fundada em Volta Redonda; em 1943, a

Fábrica Nacional de Motores se instalou no Rio de Janeiro; e em 1953, foi criada a Petrobras, com o monopólio da pesquisa, extração e refino do petróleo.

Foi, contudo, nos chamados "anos JK" (1956-1961), durante o governo de Juscelino Kubitschek (1902-1976), que o processo de industrialização do país realmente ganhou impulso. Usando capital estrangeiro e nacional, foi implantada a indústria de bens de consumo duráveis, principalmente automóveis e eletrodomésticos. Juscelino também estimulou a diversificação da economia, aumentando a produção de máquinas e equipamentos para a mecanização da agricultura, fabricação de fertilizantes, frigoríficos, transporte ferroviário e construção naval. O setor industrial foi o que mais cresceu na economia brasileira.

Durante a ditadura militar (1964-1985), principalmente de 1969 a 1973 – época do chamado "milagre econômico", que teve por objetivo fazer do Brasil uma potência emergente –, foram feitos investimentos em infraestrutura (rodovias, ferrovias, telecomunicações, portos, usinas hidrelétricas, usinas nucleares); nas indústrias de base (mineração e siderurgia) e de transformação (cimento, papel, alumínio, produtos químicos, fertilizantes); em equipamentos (geradores, sistemas de telefonia, máquinas, motores, turbinas); em bens duráveis (veículos e eletrodomésticos) e na indústria de alimentos (grãos, carnes, laticínios).

O crescimento da economia e do setor industrial, entretanto, foi desacelerado em meados dos anos 1970, em virtude da crise mundial do petróleo e da alta internacional dos juros, o que tornou os financiamentos externos muito custosos. A década de

Fundada em 1941, a Companhia Siderúrgica Nacional (CSN) atua em todas as etapas da fabricação do aço e o fornece para as indústrias de veículos, eletrodomésticos, embalagens e para a construção civil.

1980 foi de grandes dificuldades, com a inflação descontrolada, com o desequilíbrio da balança de pagamentos a credores, e com o crescimento econômico bloqueado, o que gerou desemprego.

Nos últimos dez anos do século XX e nos primeiros do século XXI, em razão da abertura que permitiu a entrada de produtos importados no Brasil, o setor industrial começou a encolher, enquanto o setor de serviços cresceu.

As mudanças no consumo

Como já dissemos, a transformação trazida pela industrialização pressupõe logicamente igual desenvolvimento e ampliação do consumo. O aumento da procura, ou demanda, se deve a três fatores principais:

- crescimento da população mundial;
- aumento do poder aquisitivo da população;
- mudança de valores e atitudes de consumo, que englobam desde uma nova atitude moral (consumir mais do que o necessário para a sobrevivência é bom) até fatores como a moda.

Entre as novas atitudes de consumo, destacamos as seguintes:

- **Imitação social**: os ricos tiveram um papel-chave na orgia de compras na Inglaterra do século XVIII, pelas extravagâncias que cometiam. Aos poucos, os escalões intermediários passaram a imitar essas extravagâncias e, por sua vez, foram imitados pelas classes mais pobres. Esse mecanismo de imitação social se tornou uma força que percorreu toda a sociedade nos séculos XIX e XX, e ainda continua ativo.
- **Distribuição e divulgação**: foram desenvolvidas novas capacidades de comercialização e novas técnicas mercadológicas de distribuição do produto, com a ascensão da propaganda e da publicidade.
- **Moda**: definida como costume prevalecente, a moda passou a ser manipulada a partir de meados do século XVIII, com mudanças mais rápidas tanto em termos de materiais quanto de estilo, afetando os desejos dos consumidores. A moda, embora se refira mais proximamente ao vestuário, alcançou outros setores relacionados ao modo de vida. Atualmente, automóveis, móveis, bebidas e até atitudes podem estar ou não na "moda".

No início da Revolução Industrial, o aumento do consumo se limitou a bens de luxo, tais como brinquedos, jogos, livros (romances), produtos de beleza (sabonetes, espelhos, broches), cartas de baralho e roupas da moda. Durante o século XIX, a esses itens se juntaram os jornais, os móveis e o café.

Nas primeiras décadas do século XX, a vida começou a se sofisticar: ao lado do transporte coletivo, muitas famílias passaram a ter automóveis, a eletricidade facilitava as tarefas domésticas e as vias públicas ficaram mais bem iluminadas, os edifícios ganharam os primeiros elevadores enquanto a água encanada chegava às residências.

Nos anos 1940 e 1950, as pessoas, além desses bens e serviços, ansiavam por ter telefone, geladeira e rádio. A geladeira, por exemplo, substituiu o uso da pedra de gelo, que conservava os alimentos por algumas horas, desde que estivesse bem fechada em um armário frigorífico. Devido à complexidade da vida contemporânea, que torna inviável a compra de alimentos todos os dias, a geladeira tornou-se um item de primeira necessidade.

Nos anos 1950 e 1960, o eletrodoméstico mais desejado era o aparelho de televisão. Na década de 1980, surgiu o videocassete e, a partir dos anos 1990 até os dias de hoje, os objetos de desejo passaram a ser os aparelhos eletrônicos, cada vez mais aperfeiçoados. Grande parte da população os considera absolutamente necessários, não apenas para o conforto e a vida prática, mas também para estarmos conectados com o mundo. Segundo pesquisas, muitas pessoas consideram os aparelhos eletrônicos mais necessários do que a compra da casa própria.

Resta perguntar se esses aparelhos são mesmo necessários. Há pessoas que leem à noite a versão eletrônica do jornal que assinam e que é entregue em suas casas todas as manhãs. Elas sentem a necessidade de saber todas as notícias saídas do forno e seus desdobramentos ao longo do dia, mesmo que nem todas tenham um efeito prático em sua vida diária.

Um modelo insustentável

No modelo capitalista de economia, o processo de produção é contínuo, repetindo-se ininterruptamente. O objetivo principal é que o **capital** (o lucro, os meios de produção e a força de trabalho) cresça continuamente.

Para fazer frente à concorrência e ao crescimento populacional, parte do lucro deve ser reinvestida nas indústrias e nos negócios, tanto em equipamentos mais sofisticados quanto em mão de obra mais qualificada. Com isso, aumenta-se a produção. Nessa competição, vencem aqueles que tiverem criado as melhores condições de produção, isto é, que conseguirem produzir o maior número de bens ao menor preço possível.

Por sua vez, o avanço tecnológico também ocasiona o aumento da produtividade. Com o uso da tecnologia, um menor número de trabalhadores produz um maior número de bens, levando ao desemprego de parte da população.

A situação torna-se bastante complexa, pois o aumento do consumo – necessário para o escoamento de uma produção maior – pressupõe o emprego e a renda estável, uma vez que, quando estamos desempregados, reduzimos o consumo aos itens básicos para a sobrevivência. O modelo do crescimento econômico contínuo, portanto, mostra-se insustentável.

Voltaremos a essa questão mais adiante, quando discutirmos as consequências dessa forma de produção para o meio ambiente.

As vitrines são um excelente modo de mostrar os produtos que podem ser comprados em uma loja, despertando o desejo de tê-los.

O **ciclo do consumo** comporta três passos: *ver, desejar* e *comprar*. Já o **ciclo do consumismo** envolve, para a maior parte da população, outros dois passos, além dos três do ciclo de consumo: *ver, desejar, pedir um empréstimo, comprar* e *descartar*.

Vejamos cada um desses passos.

Ver

Ter conhecimento do produto que está no mercado e de suas características, por meios visuais, auditivos ou qualquer outro, é o primeiro passo para ser levado à compra. Estamos usando o verbo *ver* como um termo genérico para se tomar conhecimento de algum produto ou serviço.

Quando estamos em ambientes rurais, como acampamentos, parques ou outro em que não estamos expostos aos meios de informação habituais do ambiente urbano, nossos desejos de consumo são bastante amenizados.

Cotidianamente, vemos um sem-número de objetos e serviços utilizados por nossos amigos e familiares. Ver o que eles possuem ou usam, testemunhar seu prazer com esses objetos ou serviços é um dos mais poderosos estimulantes do desejo, porque essas relações são permeadas pelo afeto e porque essas pessoas costumam constituir nosso primeiro *grupo de referência*.

O **grupo de referência** é o conjunto de pessoas que têm a nossa admiração e a quem procuramos imitar e seguir, além de nos inspirarem o desejo de ser considerado um membro de seu grupo.

No mundo contemporâneo, a partir da adolescência principalmente, os grupos de referência se multiplicam: à família acrescentam-se os colegas da escola ou de alguma atividade extraescolar, bem como os professores; aos amigos presenciais se juntam os "amigos da mídia", principalmente os da televisão, as celebridades e outras figuras públicas, como jogadores de futebol e cantores, a quem admiramos e que também têm certa influência sobre nosso modo de vida.

Hoje em dia, não se pode descartar também a influência dos "amigos" das redes sociais, com quem se trocam mensagens, fotos, vídeos, piadas, frases, numa relação muitas vezes ilusória da vida, pois mostramos apenas notícias boas a nosso respeito, fotos em que aparecemos em ângulo favorável ou situações que passam a sensação de aventura e felicidade.

Quando, porém, os grupos de referência se diversificam, muitas vezes acontece de eles não estarem no mesmo nível cultural e econômico que nós. Para segui-los, então, precisamos fazer certo malabarismo.

Além dos grupos de referência, a mídia nos faz entrar em contato com bens e serviços na forma de revistas, catálogos de lojas e peças de propaganda dos mais variados meios de comunicação, ou então passear no *shopping* e olhar vitrines. Até lendo um livro ou assistindo a um filme temos acesso a informações sobre como outros grupos da sociedade ou de outras culturas vivem, pensam, o que consomem e fazem. Essas informações também podem despertar em nós novos desejos.

Desejar

De *ver* para *desejar*, portanto, é um pulo até que pequeno, uma vez que o desejo é a tendência espontânea e consciente em direção a um fim conhecido ou imaginado. Por ser espontâneo, ele aparece em nossa consciência sem que tenhamos a liberdade de expulsá-lo. O que podemos controlar é a nossa **vontade**, isto é, o que faremos com nosso desejo: satisfazê-lo impulsivamente ou refletir sobre a conveniência econômica, social e mesmo individual de satisfazê-lo.

Entre as muitas dúvidas que fazem parte desse momento de reflexão, estão as seguintes: Tenho condições econômicas de atender ao meu desejo? Que consequências a realização desse desejo implica para mim e para os outros, tanto os próximos quanto os distantes? A que necessidade a realização do desejo atende? É realmente uma necessidade?

Todos nós somos seres desejantes. Mas também somos seres racionais, o que implica fazer uma análise de nossos desejos antes de concretizá-los. Passamos do estágio do "*Hum*!, que vontade de ter, de comer, de fazer, de conhecer..." para o da reflexão sobre as condições concretas de satisfação dos nossos desejos. E só depois disso passamos para a ação.

A ação envolve nossa vontade, no sentido filosófico, ou seja, o exercício da razão prática. A vontade, enquanto capacidade humana, é o querer que nos leva à ação. A vontade, nesse sentido, é consciente e não age por impulso. Por exemplo: nossa vontade nos leva a cumprir os deveres e as tarefas escolares e familiares mesmo que não sintamos o impulso de fazê-lo.

Para que o consumo seja concretizado, dependemos de alguns fatores: termos

Será que o Calvin refletiu sobre as consequências de seu ato ou simplesmente seguiu seu desejo?

conhecimento do objeto ou serviço a ser adquirido e por quem ele é oferecido; termos os meios para comprá-lo; termos a vontade ou determinação de fazê-lo.

Aqui, a questão pode ficar mais complicada. E se não tivermos os meios financeiros para efetuar a compra? Podemos não comprar, experimentando uma frustração passageira ao não ter um desejo atendido, e continuar em frente.

Pedir um empréstimo

Podemos, também, fazer uma **dívida**. De um lado, as lojas nos oferecem a opção do crediário, com vários planos de pagamento, nos quais são embutidos juros mensais; de outro, os bancos oferecem empréstimos no cheque especial ou como "crédito pré-aprovado", a fim de "facilitar" as compras.

Apesar de ser obrigatório por lei informar o preço à vista e o preço a prazo em qualquer peça de propaganda, nem sempre

essas informações estão totalmente claras. Nossa atenção está voltada para a prestação – e não para o número de pagamentos ou a diferença entre o total a prazo e o total à vista. E como nosso desejo está movendo nossa vontade, raramente fazemos as contas dos juros a serem pagos. Somente consideramos se podemos pagar a prestação mensal.

Vejamos um exemplo: anos atrás, na época da Páscoa, alguns supermercados ofereciam crediário para a compra de bacalhau e ovos de Páscoa. Uma dona de casa fez o seguinte comentário: "Ah, não, eles querem que a gente gaste mais do que deve". E era isso mesmo.

A mesma coisa acontece quando temos cheque especial: o valor de crédito do cheque especial é acrescido à quantia que realmente temos no banco, o que dificulta saber se ainda estamos no limite do que temos ou se já estamos usando o crédito especial e, portanto, pagando juros mensais.

Muitas pessoas ficam felizes e se acham "clientes especiais" quando lhes é oferecido o famoso "crédito pré-aprovado", a ser pago em prestações mensais, porque não calculam os juros que o banco está ganhando em cima desse "presente".

Outro modo de se gastar mais do que se tem e, muitas vezes, mais do que se pode, é usando o cartão de crédito que hoje é oferecido por todas as lojas de departamentos, supermercados e até farmácias e drogarias. O cartão de crédito é também chamado "dinheiro de plástico", porque, ao usá-lo, jamais damos dinheiro vivo. Esse procedimento dá a impressão de que não estamos gastando dinheiro, porque nem um centavo sai de nossa conta bancária no momento da compra, uma vez que a fatura do cartão virá somente na data previamente combinada.

Ocorre que nem sempre as pessoas conseguem controlar todas as compras pagas com o cartão e qual será o total a ser pago no mês seguinte. O cartão também funciona como financiadora, então se o total for maior do que a possibilidade de pagamento, pode-se pagar um mínimo de 10% e financiar o saldo outra vez, com juros que apresentam uma pequena variação de cartão para cartão.

Comprar

E chega o momento tão esperado: a compra do objeto de desejo. Que alegria! Finalmente tenho o que faltava em minha vida para que eu seja feliz! Esse tipo de pensamento é mais comum do que pensamos.

Como vemos, tanto as lojas quanto os bancos e as financeiras fazem de tudo para que compremos mais do que podemos. A isso devemos somar mais dois fatores importantes: o bombardeio dos meios de comunicação, com suas mensagens que incentivam o consumo – tanto pela propaganda direta quanto pelo chamado *merchandising*, forma de *marketing* feito em novelas e programas de auditório –, e a pressão exercida pelos grupos de referência.

Em geral, o grupo familiar, o de amigos e o de colegas de escola e trabalho estão na mesma faixa econômica que nós, e, portanto, as possibilidades de consumo são muito próximas. Quando, entretanto, entram em jogo os chamados "amigos da mídia", também conhecidos como "celebridades", que entram em nosso cotidiano por meio principalmente da televisão e das revistas, que revelam detalhes dos hábitos e preferências dessas pessoas, o poder aquisitivo se mostra completamente diferente do nosso. E tentar acompanhar o tipo de consumo desse grupo de referência certamente vai estourar nossas finanças.

Descartar

O último passo do ciclo de consumo é o descarte. O que fazer com todos os produtos que compramos durante o ano? Será que temos tempo ou necessidade de usar todas as roupas penduradas em nosso armário? E os sapatos? O que fazemos com bijuterias fora de moda? Onde colocar todos os equipamentos para a prática de esportes que, depois do primeiro entusiasmo, colocamos de lado? E as pilhas usadas, jogos e aparelhos eletrônicos encostados? Os produtos de maquiagem, perfumes, cremes experimentados e não aprovados? E tudo o que saiu de moda? Não esqueçamos do material escolar do ano passado e de todos os anos anteriores. O que fazer com eles?

Você sabe quais são os danos causados ao meio ambiente pelo descarte errado de produtos eletrônicos?

Em pouco tempo, os produtos que usamos se tornam ultrapassados, porque a tecnologia se renova continuamente. As indústrias investem em pesquisa tecnológica, aperfeiçoando seus produtos sempre. Só na área de computadores, câmeras digitais e celulares, vemos uma série de inovações surgirem a cada ano, com modelos cada vez mais sofisticados e multifuncionais. Hoje um telefone celular tem inúmeras funções, podendo substituir muitos outros aparelhos.

A equação pode ser formulada do seguinte modo:

E por que continuamos a comprar, se sabemos que muitas coisas irão para o lixo em pouco tempo, algumas sem terem sido usadas?

Porque, segundo Colin Campbell (1934), sociólogo e bioquímico norte-americano, a atividade fundamental do consumo não é a seleção, compra ou uso dos produtos, mas a procura do prazer imaginado associado ao produto. Isso quer dizer que os consumidores não procuram a satisfação objetiva que o produto pode oferecer, mas o prazer das experiências que constroem em sua imaginação.

Tomemos como exemplo o que o aparelho celular concretamente nos oferece: a possibilidade de comunicação em quase qualquer lugar. É muito confortável e prazeroso ter o celular sempre conosco para tirar fotos de amigos e de lugares – sem esquecer das *selfies*, que são postadas nas redes sociais assim que são tiradas –, enviar e receber mensagens de onde quer que se esteja, em qualquer horário ou situação, ouvir música quando estiver correndo, caminhando ou indo para o trabalho, manter contato com amigos e outros profissionais por *e-mail* em qualquer lugar.

Entretanto, ao lado dessas satisfações concretas e objetivas, a posse e o uso do celular faz com que as pessoas se imaginem indivíduos modernos, dinâmicos, livres, independentes e, por tudo isso, atraentes, vitoriosos, bem-sucedidos, felizes. A publicidade trabalha para fazer essa ligação parecer verdadeira e imediata, seduzindo o consumidor.

A compra e o uso de certos produtos, portanto, proporcionam experiências novas que, até então, não tinham sido vivenciadas no mundo real, só no imaginado. Contudo, a realidade é sempre muito diferente do mundo imaginário, no qual selecionamos apenas os aspectos positivos dos estímulos que nos chegam.

Na realidade, voltando ao exemplo do celular, ele precisa ser constantemente recarregado, as tarifas deverão ser pagas, a conexão nem sempre é boa ou funciona, entre outros problemas de maior gravidade, como o fato de que, se usado compulsivamente, o celular substitui os encontros reais com amigos e com a família pelos contatos meramente virtuais. Em outras palavras, deixamos de viver o presente, o aqui e agora, com todas as oportunidades que ele oferece, para vivê-lo por meio de imagens e mensagens.

A antecipação do prazer que algo nos dará é sempre maior do que sua realização. A experiência real pode produzir prazer considerável, mas sempre menor do que o antecipado. Isso leva à insatisfação com a realidade e ao sonho de que um outro objeto de desejo possa trazer a satisfação plena e, assim, sucessivamente.

AS ARMADILHAS DO ATO DE CONSUMIR

— Pegaram ele de jeito. Puseram umas camisas nele, umas calças, umas coisas estranhas.

— E ele?

— Ele foi deixando. Quando viu, ele já não era ele mais. Era só um resto do que ele tinha sido antes.

— E então?

— Ele continuou sendo e agora ele é ele.

— Como assim?

— Ele é como ele é.

— Mas você acha normal?

— Normal não pode ser, não é? Do jeito que ele olha, com aquelas roupas e tudo...

– *Você acha que ele é feliz?*

– *Às vezes, mas às vezes também ele deve se lembrar e sentir saudades.*

– *Do quê?*

– *Dele mesmo, né? Do jeito que ele era antes de mudar tanto.*

– *Mas todo mundo muda...*

– *Não assim, não tanto, não desse jeito, não com aquelas roupas que puseram nele!*

– *Então como é que fica?*

– *Acho que ele vai tentar apagar da memória quem ele foi antes.*

– *Como se tivesse nascido assim.*

– *É, como se tivesse morrido.*

(ANTUNES, Arnaldo. *Agora aqui ninguém precisa de si*. São Paulo: Companhia das Letras, 2015. p. 87.)

Uma das características do consumismo contemporâneo é a **insaciabilidade**. Na verdade, cercamos nossa vida dos mais variados produtos e serviços, sem, contudo, sentirmos uma satisfação duradoura com o que eles proporcionam. Sempre parece faltar algo, e então saímos outra vez às compras, na expectativa de que o próximo produto ou serviço nos contente de forma mais plena.

Isso ocorre em todas as áreas de nossa vida.

Eu preciso estar na moda

A **moda** é a introdução planejada pela indústria de produtos com alta significação estética, isto é, considerados belos, e

que trazem elementos novos ao contexto em que se inserem. A moda atinge sobretudo a decoração, o vestuário e os acessórios, mas também a tecnologia eletrônica, o mercado de automóveis e motocicletas e o mundo cultural, na forma de canções que ditam novos ritmos e tipos de dança, livros que apontam novas tendências de atitudes e obras de arte – como os grafites – que, mesmo marginalizadas inicialmente, acabam assimiladas pela indústria, estabelecendo novos parâmetros estéticos. Os consumidores desses tipos de produtos estão sempre ávidos em seguir novas modas e tendências, acreditando que, finalmente, o novo produto concretizará seus devaneios.

    O vestuário e os acessórios são os produtos que, em geral, mais sofrem a pressão da moda. Eles indicam simbolicamente a localização do indivíduo na hierarquia social. As elites criam a moda para se diferenciarem das classes sociais subalternas, ou seja, para se distinguirem da grande massa. À medida que a moda, por intermédio dos meios de comunicação de massa, ganha o mundo e passa a ser adotada por outras classes da população, ela deixa de servir como forma de distinção. E então outra moda é criada, para que o ciclo se repita.

Houve época, no Japão, em que a sociedade era dividida em classes sociais claramente definidas e sem mobilidade: cada segmento usava materiais e estampas diferentes, sendo vedado à classe menos favorecida o uso da seda e de determinados padrões de estamparia reservados aos nobres. Isso ocorreu em muitas outras sociedades.

MC Guimê, cantor paulista ícone do funk "ostentação", categoria que se tornou moda nos dias de hoje.

Atualmente, ao lado das roupas vistas em desfiles, assinadas por grandes estilistas, com preços inacessíveis às classes mais humildes, podemos encontrar a moda *hip hop*, o estilo *grunge, punk, emo, indie, nerd*, a moda criada nas periferias que, mais baratas, identificam seus seguidores como pertencentes a determinados grupos ou tribos. Esse também é um modo de se distinguir dos outros.

A própria escola serve como passarela para a moda: além das etiquetas ou grifes aceitas pelos grupos, a moda se manifesta nas mochilas, nos materiais escolares, como cadernos, estojos, calçados esportivos etc., e o consumo desses artigos acaba assumindo um caráter competitivo, que responde ao desafio: quem pode mais? A resposta correta, entretanto, é: o fabricante, detentor da marca. Para ele sim, vender muito corresponde a maior lucro e maior poder econômico.

Comendo para viver ou vivendo para comer?

Alimentar-se está entre as necessidades básicas de todo ser vivo. Como vimos no início deste livro, os seres humanos, porém, alimentam-se não só para matar a fome e repor as energias gastas. Sem dúvida, para a maioria das pessoas, comer é um dos grandes prazeres da vida. Entretanto, também se come descontroladamente em momentos de nervosismo, ansiedade, quando se busca a sensação de saciedade, de plenitude. Isso quer dizer que tentamos preencher um vazio que existe em nossa mente com o mesmo alimento que, na realidade, só enche o estômago.

> Açúcar e sal em excesso nos alimentos é um dos estratagemas para nos fazer comer mais.

Nesse caso, não é uma questão de fome, de necessidade física, mas de carência emocional.

Quantas vezes, quando estamos tristes ou nervosos, atacamos a geladeira e a despensa? Comemos para nos consolar, para nos dar prazer, e não para matar a fome. Então, procuramos chocolate, sorvete, aquela lata de leite condensado, pacotes de biscoito. Jamais procuramos o alimento saudável, equilibrado em calorias. Queremos o que tem açúcar, que estimula a produção de serotonina, um neurotransmissor que ajuda a combater a depressão e a ansiedade, além de estimular os centros de prazer e de bem-estar.

O problema da obesidade de crianças e jovens, fenômeno mundial que preocupa todos os profissionais de saúde, é a consequência natural de comermos em excesso e ingerirmos os alimentos errados. É, portanto, um problema tanto de quantidade quanto de qualidade dos alimentos.

Todos sabemos que o valor alimentício de sanduíches, salgadinhos fritos, salgadinhos industrializados, biscoitos ou balas e confeitos é muito baixo, ao mesmo tempo que seu valor calórico é bastante alto. Traduzindo, isso quer dizer que esses alimentos não oferecem as vitaminas, as fibras e os aminoácidos necessários para uma vida saudável. Além disso, são excessivamente ricos em gorduras.

Hoje, muitas escolas estão preocupadas com o problema e limitam o que pode ser vendido nas cantinas. Em geral, são proibidos os refrigerantes, as frituras, os salgadinhos industrializados, que foram substituídos por sucos e sanduíches naturais, bolos e biscoitos caseiros. Algumas escolas também estabelecem um dia da semana em que as frutas devem ser o lanche de todos os alunos.

O problema da obesidade, antes de tudo, não é estético. É de saúde, pois o coração precisará funcionar muito mais para carregar o sobrepeso; os pulmões também precisarão trabalhar no limite para oxigenar um corpo maior; as articulações sofrerão maior desgaste; e as chances de desenvolver diabetes do tipo 2, que não é congênita, mas adquirida ao longo da vida, tornam-se maiores com o aumento exagerado do peso.

O bombardeio constante da propaganda, de revistas dedicadas à culinária e dos programas de televisão apresentados por *chefs* de cozinha e cozinheiras, dedicados a ensinar a fazer receitas apetitosas e muito bem apresentadas, certamente ajuda a despertar nossa gula. Até os cinemas, hoje, estimulam a ingestão de pipoca, vendida em porções gigantes na antessala, de chocolates e de refrigerantes. Certamente, você conhece as poltronas equipadas com porta-copos.

Com tanta oferta, o difícil é manter o equilíbrio entre as extravagâncias alimentares que cometemos de vez em quando – afinal, ninguém é de ferro – e um estilo de vida saudável que só nos beneficiará a longo prazo. Hoje já há *chefs* que, preocupados com o problema da obesidade e da má alimentação, fazem programas sobre como comer de maneira saudável. O *chef* inglês Jamie Oliver, inclusive, defende a inclusão da educação alimentar no currículo escolar.

Os médicos dizem que o modo como envelhecemos é resultado do modo como vivemos a vida desde crianças. Por isso, o hábito de escolher alimentos saudáveis deve ser incentivado desde a infância.

Conectado com o mundo

Hoje em dia, desde o momento em que nascemos estamos cercados por aparelhos eletrônicos que povoam nossas casas e automóveis.

Sem dúvida, muitos deles facilitam nossa vida: podemos programá-los para iniciar suas funções meia hora antes de chegarmos em casa, ou de acordarmos etc. Além disso, são muito mais compactos e leves.

Por exemplo, um aparelho de surdez pode ser colocado dentro do ducto da orelha e tornar-se quase invisível, apesar de reproduzir o som de forma bastante acurada. Os caixas eletrônicos, nos quais se podem fazer depósitos, saques, transferências e pagar contas 24 horas por dia, resolvem muitos problemas diários. O controle remoto de portas nos dá mais independência e, ao mesmo tempo, oferece maior segurança na entrada e saída de edifícios. A informação chega a nós por meios eletrônicos em segundos, o que ajuda em pesquisas de todos os tipos.

Por sua vez, toda essa facilidade também cria certas situações desagradáveis, porque as pessoas e as instituições não sabem mais viver sem o que é ou está programado. Quando o sistema do banco cai, por exemplo, nenhum dos serviços funciona, nem dentro da agência. Até mesmo os caixas ficam de braços cruzados. Muitas pessoas se sentem perdidas quando não têm acesso à internet, às redes sociais, aos jogos e mesmo à televisão, não sabendo o que fazer com amigos e com a família em momentos de lazer. A habilidade de lidar com seres humanos cara a cara está se perdendo.

Outra consequência grave do consumo excessivo de aparelhos eletrônicos está ligada ao seu **descarte**, pois o lixo eletrônico contém materiais perigosos, como chumbo, cádmio, bário, berílio e mercúrio. Quando queimados, eles liberam dioxinas que penetram no lençol freático e nunca se decompõem.

Os países ricos costumam enviar o seu "lixo" para os países periféricos, seja vendendo os aparelhos obsoletos, seja fazendo doações para escolas e ONGs. Aquilo que parece uma bondade, na verdade, é só um modo de se livrar da contaminação, enviando-a para outros países.

A Convenção da Basileia, de 1989, restringe o comércio internacional de lixo perigoso, o que leva os países mais poderosos a rotular incorretamente os contêineres, a passar o material de um navio para outro em portos neutros e até a subornar funcionários e políticos dos países em que os aparelhos serão desmontados.

É preciso, portanto, ficar muito atento ao que é real necessidade quando se fala de aparelhos eletrônicos, ou seremos igualmente responsáveis pelo envenenamento de inúmeras regiões do planeta.

Ser ou ter?

Existe uma estreita conexão entre o que consumimos e quem somos ou quem queremos parecer ser, ou seja, nossa **identidade** real ou imaginada.

Essa conexão pode funcionar de maneira circular: consumimos determinados produtos – por exemplo, vegetais orgânicos, frango caipira, peixes, laticínios produzidos sem hormônios, muitos grãos integrais – em razão de quem somos e de

quais valores – no caso, a boa saúde – mantemos na vida. Os produtos que consumimos mostram aos outros nossos valores e quem nós somos, ou seja, nossa identidade real.

Mas também pode acontecer que, para ter a aprovação do grupo de referência ao qual desejamos pertencer e para construir ou manter a imagem que queremos projetar, passamos a procurar os produtos e serviços que definem esse tipo de pessoa, isto é, nossa identidade imaginada. É como se o consumo de determinados produtos pudesse automaticamente nos transformar na pessoa que queremos ser, sem que a sejamos na realidade. Desse modo, fazemos a substituição do *ser* pelo *ter*. É o ter determinada marca de tênis, de roupa ou de celular que define quem somos.

Releia o texto que inicia este capítulo. Na sua opinião, por que "ele" morreu?

As multinacionais e a publicidade sabem bem que a marca define o consumidor. De certo modo, somos o que comemos, o que vestimos, o carro que guiamos, o lugar onde moramos. Os produtos e marcas que escolhemos nos apresentam ao mundo, são modos diretos de expressão da nossa individualidade.

Como o consumidor escolhe produtos e serviços, está sujeito a pressões sociais (a moda, os grupos de referência), infraestruturais e de mercado, pois a disponibilidade de certos artigos depende do padrão de compra dos outros.

A autoestima, ou seja, a valorização do modo de ser e a confiança nos próprios atos e julgamentos, bem como a identidade, estão ligadas a tudo o que consumimos. Precisamos de produtos e serviços que signifiquem estar na moda, ter *status* social, pertencer ao grupo de referência que admiramos para sentirmos que temos valor.

É claro que muitas pessoas que consomem esses produtos podem também cultivar características pessoais positivas, como honestidade, criatividade, inteligência, lealdade, solidariedade etc. É preciso, no entanto, que não deixemos que o consumismo exagerado, a vontade de agregar características de aparência se sobreponham a quem somos de verdade. Não podemos substituir o ser pelo ter.

Por todas essas razões, o consumo e o consumismo são eminentemente simbólicos: têm um enorme número de significados e preenchem necessidades muito mais complexas do que as necessidades de subsistência pura e simples, pois estão mais ligados a diferentes estilos de vida.

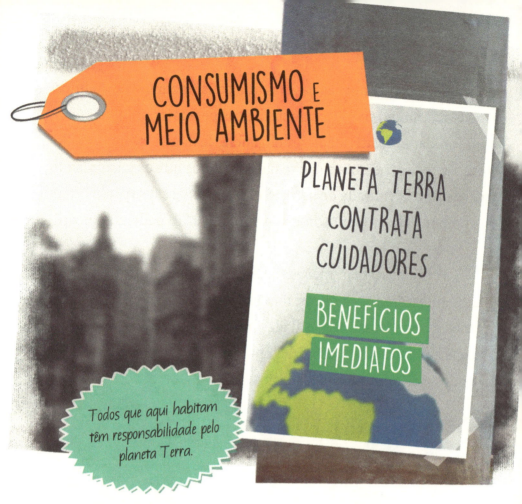

CONSUMISMO E MEIO AMBIENTE

PLANETA TERRA CONTRATA CUIDADORES

BENEFÍCIOS IMEDIATOS

Todos que aqui habitam têm responsabilidade pelo planeta Terra.

Vamos retomar algumas questões levantadas logo no início deste livro sobre a história da produção e modelo de desenvolvimento econômico.

Como vimos, o sistema econômico capitalista está assentado sobre o postulado do crescimento econômico infinito, isto é, de que a produção e o consumo de bens e serviços devem ser cada vez maiores, a fim de manter a economia rodando, assegurando empregos para todos, ou quase todos.

Os dados do crescimento populacional mundial são assustadores: do início do século XX até o seu final, passamos de 1 bilhão e meio para 6 bilhões de pessoas na Terra. Em 1950, éra-

Pátio lotado de montadora de automóveis. Haverá consumidores para todos eles?

mos 2,7 bilhões de seres humanos; em 2015, 7,3 bilhões. Quanto mais gente, maior é a necessidade de empregos, bens e serviços. Portanto, a produção precisa crescer sempre.

    Na verdade, a produção cresce mais do que a população, pois nos tornamos cada vez mais exigentes e extravagantes em relação a bens, serviços e às tecnologias que desejamos possuir. Alguns exemplos: mesmo em férias, na praia, as pessoas fazem questão de ter acesso a computador e internet, em ambientes refinados. Desejam, também, o mesmo tipo de vida cultural que teriam em suas cidades, principalmente no que se refere a *shows* e apresentações musicais. Ao mesmo tempo, demandam vários serviços, com os quais se acostumaram na cidade: bons restaurantes, livrarias, cafés etc.

As festas de aniversário viraram um acontecimento. As de crianças e jovens transformaram-se em eventos caríssimos, pois não são mais realizadas em casa, com a família e os amigos íntimos, mas em bufês e salões de festa, com a presença obrigatória de animadores culturais, artistas circenses, professores de educação física, além dos brinquedos alugados. Já na pré-adolescência, em vez de levar os colegas da escola para uma pizzaria, é comum hoje levar as amigas para um salão de beleza, com direito a tratamento de mãos e pés, dos cabelos, penteado, maquiagem, quando não inclui também banho de ofurô e massagens. Sem dúvida é um estilo de vida que começa cedo demais.

Outros aniversariantes fazem listas de presentes que desejam ganhar. O presente, portanto, que era um agrado, uma gentileza do convidado, torna-se compulsório, nem sempre cabendo no orçamento de quem dá. Todas essas mudanças nos hábitos e modos de vida são impulsionadas pela necessidade do consumismo, de ter o supérfluo, uma vez que as necessidades básicas dessa classe da população foram há muito satisfeitas.

As novas tecnologias também trazem novas despesas para o orçamento familiar: o aumento da conta de luz com os aparelhos eletrônicos, principalmente se houver um em cada quarto; do gasto com telefone, levando em conta as chamadas de casa e as feitas em cada um dos celulares da família; a mensalidade do provedor de acesso à internet; a mensalidade do acesso à TV a cabo, e assim por diante. Como a renda do consumidor médio não acompanha a elevação dos gastos, o indivíduo se enreda no crediário, no cheque especial e em empréstimos bancários, como já vimos.

Crescimento da população e meio ambiente

A produção de qualquer bem exige que se gaste energia, seja ela humana, animal ou gerada por elementos da natureza, como o vento, a água, o gás, o petróleo etc. Para se produzir qualquer artefato, também há o consumo de matéria-prima, que vem da natureza.

Por isso, não podemos falar de produção e consumo sem envolver o meio ambiente.

Os recursos naturais podem ser divididos em dois grandes grupos: os **recursos naturais infinitos** (que não acabam nunca) e os **recursos naturais finitos** (dos quais existe um estoque limitado).

Entre os recursos naturais infinitos, podemos citar a luz solar e os ventos. Já a água, o oxigênio, o petróleo, o gás natural, o carvão mineral, a madeira, os animais, os peixes, os metais etc. pertencem à categoria de recursos naturais finitos.

Entre os recursos finitos, podemos ainda destacar os que são **renováveis**, isto é, que se regeneram, e os **não renováveis**, que se extinguem assim que são consumidos. O petróleo, por exemplo, é um recurso não renovável. Quando se esgotarem os lençóis petrolíferos, nada poderá recompô-los. O mesmo acontece com as jazidas de carvão mineral e com os minérios.

A água e o oxigênio são recursos naturais renováveis, isto é, eles se recompõem em parte. A grande quantidade de água existente na superfície da Terra, em lagos, rios, oceanos, na umidade do solo e na transpiração de organismos vivos, por exemplo, transforma-se em vapor sob a ação do calor do Sol e cai sob forma de chuva, neblina ou neve.

Com base nessas informações, podemos concluir que os recursos naturais são limitados e, portanto, não poderão sustentar uma política econômica de crescimento infinito.

Vamos tomar como exemplo a questão da água, um dos problemas mais críticos do mundo atual, para termos uma ideia da dimensão do problema num futuro próximo.

De toda a água existente no planeta, somente 2,5% é de água doce, distribuída da seguinte maneira: 0,3% em rios e lagos; 30% em lençóis subterrâneos; 69% em geleiras e coberturas permanentes de neve; e 0,99% em pântanos, umidade do solo, placas de gelo flutuantes etc. Desses 2,5% de água doce existente, 12% são encontrados no Brasil.

 Essa quantidade de água doce disponível seria suficiente para toda a população mundial *se* a distribuição fosse regular, o que não acontece. Na realidade, as regiões úmidas têm 98% dessa água, ao passo que as regiões áridas e semiáridas (como o Nordeste brasileiro, os desertos do Chile e da América do Norte, partes do Oriente Médio e o Norte da África) possuem apenas 2% da água doce.

 Outro problema que dificulta ainda mais a distribuição de água é o fato de que a demanda de uso nos países desenvolvidos é muito maior do que nos outros países. A água é usada na indústria, na agricultura, na pecuária e no consumo doméstico.

 A qualidade da água também piorou muito no século XX porque os dejetos das indústrias, da agricultura e da pecuária são atirados nos rios sem tratamento, contaminando e poluindo essas águas. Mesmo nas cidades, grande parte do esgoto não é tratada e vai direto para os rios.

O desperdício é outra fonte de preocupação. Para se ter uma ideia do gasto doméstico, 10 minutos embaixo do chuveiro consomem 162 litros de água; se reduzirmos o tempo do banho para 5 minutos, gastaremos 59,3 litros; cada vez que apertamos a descarga, lá se vão mais 70 litros de água. Se a esses números somarmos o que se gasta com a lavagem de roupa, louça, quintais, calçadas, carros, bicicletas etc., com a torneira aberta durante todo o processo, o gasto doméstico de água vai para centenas e milhares de litros.

A agricultura é responsável por 70% do gasto da água no planeta. Mais, portanto, do que a indústria utiliza.

Vamos, então, parar de tomar banho, escovar os dentes e dar descarga? É óbvio que não. Há, entretanto, algumas providências que os governos e os cidadãos podem tomar para amenizar o problema.

É importante ter políticas públicas que protejam os mananciais, seja reflorestando suas nascentes e o entorno, seja disciplinando sua ocupação; instalem as redes de captação e tratamento de esgotos para que os dejetos não poluam as águas de rios e lagos; fiscalizem as indústrias para que não joguem produtos químicos nos cursos de água; evitem o desperdício tanto na agricultura quanto no uso doméstico. Essas medidas contribuem para que a água doce não se torne escassa, como já acontece em algumas regiões, nem poluída, impedindo o seu consumo.

Reciclagem de materiais

Trabalhadores fazendo triagem e separação de material reciclável.

A reciclagem de materiais é também um importante passo na preservação dos recursos naturais.

Reciclagem é o reaproveitamento de material já usado que passa por processo de transformação a fim de retornar ao ciclo produtivo. As indústrias reaproveitam esse material como matéria-prima para a fabricação de novos produtos. Com isso, temos menos poluição, menor gasto com água e energia e um uso mais eficiente das matérias-primas.

Para se ter uma ideia do impacto positivo da reciclagem sobre os recursos naturais, 1 tonelada de papel reciclado equivale a 20 árvores não derrubadas; 1 tonelada de metal reciclado equivale ao não consumo de 5 toneladas de bauxita. O vidro é

um material totalmente reciclável e reaproveitável. Entretanto, se for deixado em aterro, levará 4 mil anos para se decompor. Sem a reciclagem dos materiais, as reservas minerais mundiais de chumbo, zinco e estanho durariam somente mais 22 anos.

A reciclagem começa com a **coleta seletiva** do lixo. Para que seja realizada, é necessário que cada domicílio se responsabilize por separar papéis e papelões, vidros, metais e plásticos em lixeiras criadas para esse fim. Esses materiais devem ser armazenados limpos para serem reciclados. Primeiro, é uma atitude de respeito por aqueles que irão manipulá-los. Depois, juntar embalagens sujas é um prato cheio para ratos, baratas e insetos indesejáveis, além do mau cheiro.

Por exemplo: a caixa de entrega de pizza não deve ir para a coleta seletiva quando estiver suja de molho e queijo. Guardanapos de papel e papel higiênico também não podem ser reciclados. Já as latas e garrafas de refrigerante, depois de passadas na água, devem ser compactadas e colocadas no lixo reciclável. Da mesma forma, copos e garrafas de plástico, garrafas de vidro e latas devem ser separados adequadamente.

Com a reciclagem, o processo produtivo continua, mas os recursos naturais são preservados até certo ponto. Ajuda a amenizar o problema, mas não o resolve.

Não podemos esquecer que a capacidade física do planeta Terra é limitada. Mesmo que os recursos não renováveis fossem plenamente reciclados – o que não acontece no momento –, ainda assim a própria reciclagem de materiais usados exigiria que se utilizassem recursos como a água e a energia. Portanto, o que precisamos é de um novo modelo de desenvolvimento: sustentável e responsável. Isso envolve conscientização e mudança de mentalidade e políticas públicas que deem sustentação para essa mudança.

Em 2010, foi instituída a Política Nacional de Resíduos Sólidos, que prevê a redução na geração de resíduos por meio da reciclagem e da reutilização dos resíduos e a disposição ambientalmente adequada dos rejeitos que não podem ser reciclados. Mesmo assim, nem todos os municípios estão preparados para fazer a reciclagem de resíduos.

Uma coisa é certa: a natureza dá os recursos, mas pede em troca respeito, cuidados e preservação. Quando não há reciprocidade de nossa parte, ela responde, e sem meias palavras: estão aí os *tsunamis*, secas, tornados, a extinção de espécies da fauna, o aquecimento global, só para citar alguns exemplos.

CONSUMO RESPONSÁVEL

O hábito de levar sacolas reutilizáveis para as compras é um jeito de ajudar a preservar o meio ambiente.

Diante do quadro traçado neste livro, surge a pergunta: O que fazer? Nosso futuro precisa ser decidido agora.

O ser humano consome para se manter vivo e para satisfazer suas necessidades simbólicas. Contudo, muitas das chamadas "necessidades" são absolutamente supérfluas para a realização de um projeto de desenvolvimento humano, das capacidades criativas, não só em artes e ciências, mas na solução de problemas do cotidiano, na capacidade cognitiva de dar sentido ao mundo que nos cerca, de ser solidário, afetuoso, de estabelecer relações sociais e afetivas saudáveis.

Além disso, o ser humano precisa também desenvolver outras habilidades: da culinária à mecânica do carro, das várias tecnologias, da dança e do canto, do teatro etc. A habilidade de ler e compreender um texto que nos proporciona diferentes visões de mundo e, o melhor de tudo, desenvolve a autonomia cognitiva e moral que nos permite ser donos de nós mesmos e traçar projetos de vida (quem quero ser), caminhos (como chegar lá), fazer escolhas, mudar de rumo, crescer, enfim, contribui para que nos realizemos como seres humanos únicos e singulares.

Dito isso, podemos discutir as cinco palavras que nos ajudarão nessa tarefa. São elas: *repensar, reduzir, reutilizar, reciclar* e *recusar*.

Em primeiro lugar, precisamos **repensar** nossos hábitos e atitudes de consumo. Sem essa reflexão, não poderemos dar os passos seguintes.

Reduzir refere-se a apenas consumir as coisas realmente necessárias para que nossa vida seja satisfatória e permita nossa realização. Antes, portanto, de sair comprando todas as novidades, precisamos pensar na necessidade que o produto irá satisfazer, sua utilidade no nosso estilo de vida, o grau de prazer que isso nos trará, a durabilidade, a origem do produto (se é pirata, se foi produzido com trabalho escravo ou infantil, se é contrabando etc.), de que material é feito e as implicações para o meio ambiente.

Pensando em todos esses fatores, estaremos também analisando as consequências da nossa compra e teremos razões para resistir às tentações dos nossos impulsos, embora possamos nos sentir momentaneamente frustrados por não satisfazermos to-

dos os nossos desejos. Esse tipo de atitude exige, sem dúvida, uma mudança de mentalidade.

Reutilizar objetos também contribui para o menor descarte e o menor consumo. Vários recipientes de plástico e de vidro que, após o uso do produto, costumeiramente jogamos fora, podem ser reutilizados se devidamente lavados. Os sacos plásticos de supermercado também podem ser reutilizados como sacos de lixo ou levados de casa para acomodar novas compras. Roupas, brinquedos, livros, revistas que não nos servem mais podem ser doados e usados com outras finalidades, como em hospitais para crianças e em projetos de arte, por exemplo. Ações simples como essas podem se tornar habituais, ajudando muita gente.

Reciclar, como vimos, é uma forma de preservarmos a natureza. Em vez de simplesmente descartar as embalagens, podemos encaminhá-las para que sejam transformadas em matéria-prima novamente.

E, por fim, devemos **recusar** os produtos que agridem a saúde ou o meio ambiente. Podemos sempre procurar os pro-

dutos biodegradáveis, que não tenham sido produzidos com o uso de agrotóxicos ou de materiais que causem danos à saúde. E mais: recusar tudo aquilo que é, claramente, supérfluo.

Depois da reflexão, vem a ação, a vontade de fazer o melhor para que a vida no planeta continue no futuro. Uma vez estabelecido o hábito de agir assim, tudo entrará na rotina do dia a dia. E outro tipo de prazer acompanhará essas ações: o de saber que se está colaborando para que haja um futuro para a vida na Terra.

Não podemos omitir ainda o fato de que a escala de consumo contemporâneo é sustentada à custa da população mais pobre, que quase nada consome, nem mesmo o básico para sua sobrevivência. O consumismo só é mantido porque há uma brutal desigualdade social. No dia em que a população mais pobre reivindicar a parte que lhe é devida dos bens produzidos, isto é, que todos os 7,3 bilhões de pessoas puderem ser consumistas, o mundo entrará em colapso.

A família e a escola têm importante papel a cumprir na educação não só dos jovens, mas também dos adultos com relação ao consumo responsável. É necessário manter o diálogo permanente entre a escola e a família para discutir problemas como mesada, planejamento econômico, material escolar necessário, o uso ou não de uniforme, gastos em festas, o que pode ser servido na cantina, meio ambiente, economia, nutrição, desperdício, condições de produção dos bens usados e preferidos pelos jovens e uma infinidade de temas que devem ser levantados em cada comunidade escolar.

O fato de nos tornarmos cidadãos e, portanto, consumidores responsáveis, não significa que seremos menos felizes ou que desfrutaremos de menor bem-estar em nosso dia a dia, mas que estaremos assumindo nossa responsabilidade social, política e moral, que vai além de nossos interesses particulares. Dessa forma, haverá certamente a promoção de novos padrões de relacionamento com os bens de consumo, com os modos de produção, com o significado das coisas em nossa vida e com o modo de viver conosco mesmos, com os outros e com a natureza.

A AUTORA

Nasci em meados do século passado! Parece que faz muito tempo, não é? Mas a vida passa mais rápido do que gostaríamos.

Comecei a estudar aos seis anos de idade e não parei até hoje, porque tenho uma enorme curiosidade a respeito do mundo, da vida e das outras pessoas.

Morei em muitos lugares do Brasil e do exterior. Com isso, conheci muitas culturas e muitas pessoas interessantes. Formei-me em filosofia, estudei história da arte, teatro, cinema, culturas diversas, línguas estrangeiras. Dei aula de história da arte, inglês e filosofia para alunos do Ensino Fundamental e do Ensino Médio em muitas escolas de São Paulo.

Na Universidade de São Paulo, trabalhei com alunos dos cursos de teatro, música, cinema, jornalismo, publicidade, turismo e biblioteconomia. Cada um desses alunos contribuiu de maneira única e importante para os livros que escrevo e para o trabalho que desenvolvo com museus, secretarias de Cultura, organizações comunitárias e escolas.

Gosto de escrever com minha amiga e parceira Maria Lúcia de Arruda Aranha, porque trocamos figurinhas e, com suas sugestões, ela me ajuda a pensar e a fazer um trabalho mais rico.

Fui casada com um cientista, tenho dois filhos adultos incríveis e dois netos maravilhosos que enchem meus olhos de alegria e minha boca de risos.

Maria Helena Pires Martins

CAMPBELL, Colin. *A ética romântica e o espírito do consumismo moderno*. Rio de Janeiro: Rocco, 2001.

CATANI, Afrânio Mendes. *O que é capitalismo*. 23ª ed. São Paulo: Brasiliense, 1986 (Coleção Primeiros Passos).

INSTITUTO SOCIOAMBIENTAL. *Almanaque Brasil socioambiental*. São Paulo: 2005.

PENTEADO, Hugo. *Ecoeconomia*: uma nova abordagem. São Paulo: Lazuli, s.d.

SCHOR, Juliet B. *The overspent American*. Why we want what we don't need. S.l.: Harper Perennial, 1998.

VEIGA, José Eli da. *O desenvolvimento agrícola*: uma visão histórica. São Paulo: Hucitec/Edusp, 1991.